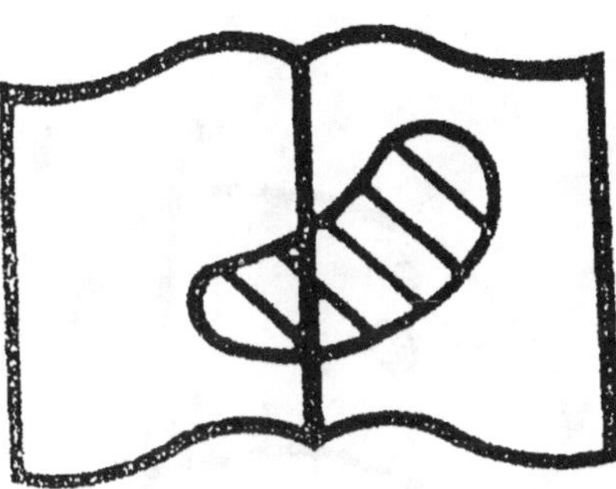

Illisibilité partielle

Couverture inférieure manquante

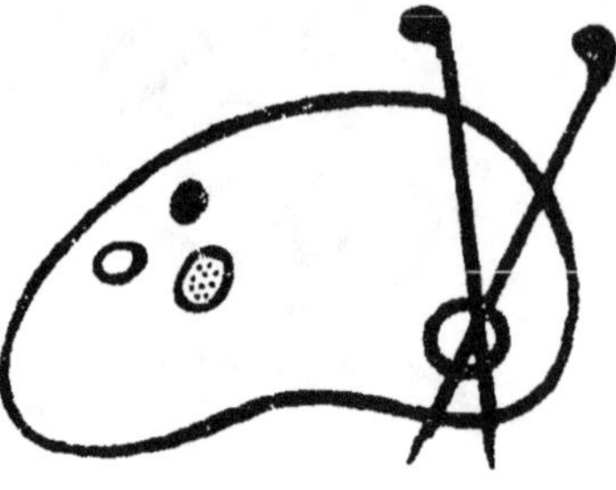

Original en couleur

NF Z 43-120-8

LETTRES INÉDITES

DE

DOM MARTIANAY

PUBLIÉES

d'après les Originaux de la Bibliothèque Nationale,

PAR

Philippe **TAMIZEY DE LARROQUE**.

PARIS,
Aug. **AUBRY,**
libraire,
RUE SÉGUIER.

BORDEAUX,
Ch. **LEFEBVRE,**
libraire,
ALLÉES DE TOURNY, 6.

1873

LETTRES INÉDITES

de Dom J. Martianay.

LETTRES INÉDITES

DE

DOM JEAN MARTIANAY

publiées

PAR

Philippe TAMIZEY DE LARROQUE.

BORDEAUX

Ch. LEFEBVRE, libraire, Allées de Tourny, 6.

1873.

LETTRES INÉDITES

DE

DOM JEAN MARTIANAY.

Plusieurs notices biographiques et bibliographiques ont été consacrées à Dom Jean Martianay, né à Saint-Sever (Landes) le 30 décembre 1647, mort à Paris le 16 juin 1717. La première en date parut pendant que le savant religieux était encore en vie : c'est celle qui figure dans la *Bibliothèque des auteurs ecclésiastiques du dix-septième siècle*, de Louis Ellies Du Pin (1). La seconde fut publiée, quelques semaines après la mort de Martianay, dans le *Journal des savants* (2). Puis se succèdent celles de Dom Philippe Le Cerf de La Viéville (3), du P. Niceron (4), des dominicains Richard et Giraud (5), de Dom René Prosper Tassin (6), de MM. Labouderie et Weiss (7), de M. B. Hauréau (8), etc. Les seize lettres que l'on va lire, et qui s'étendent du 23 décembre 1687 au 29 décembre 1694, compléteront à merveille ces diverses notices. On y verra l'é-

(1) *Auteurs vivants. Suite de la cinquième partie.* Paris, 1708, in-8°, p. 302-334. Voyez aussi les pages 461-487 du tome précédent, art. de Paul Pezron.

(2) Numéro du lundi 9 août 1717, p. 506-509. Le *Journal des savants* s'est beaucoup occupé de Martianay, comme on peut s'en assurer en parcourant les volumes de ce recueil des années 1689, 1690, 1693, 1695, 1700, 1704, 1706, 1710, 1714, 1715, etc.

(3) *Bibliothèque historique et critique des écrivains de la congrégation de Saint-Maur.* La Haye, 1726, in-12, p. 307-322.

(4) *Mémoires pour servir à l'histoire des hommes illustres*, tome I, 1729, pages 100-111.

(5) *Bibliothèque sacrée ou Dictionnaire universel des sciences ecclésiastiques.* Paris, 1760, in-folio.

(6) *Histoire littéraire de la congrégation de Saint-Maur.* Bruxelles, 1770, in-4°, p. 382-397.

(7) *Biographie universelle*, tome XXVII de la nouvelle édition.

(8) *Nouvelle Biographie générale*, tome XXXIV, 1861.

diteur immortel des *Œuvres* de saint Jérôme (1) donner sur
lui-même, sur ses travaux, sur ses projets, sur sa famille, sur
ses amis, sur ses adversaires (hélas! il en eut beaucoup!),
des détails fort curieux. Le style naïf et parfois piquant de
Dom Martianay ajoute à ses récits une agréable saveur, et tout
cela me permet peut-être d'espérer que bon accueil sera fait,
surtout en notre chère Gascogne, à la correspondance d'un
de nos plus érudits compatriotes (2).

(1) Paris, 5 vol. in-f°, 1693-1706.

(2) Cette correspondance, autographe, est conservée à la Bibliothèque nationale
dans le volume 19663 du Fonds français, volume qui renferme plusieurs autres lettres
signées de noms célèbres et notamment des noms de Dom de Sainte-Marthe et de
Baluze.

I

Mon Révérend Père (1),

Je demande bien pardon à Votre Révérence si j'ai tant différé à luy
escrire. Le manuscrit que V. R. m'avoit prié de chercher, et que je
n'ai pu trouver, en est en partie cause : d'ailleurs ce pais est si fort
sterile pour tout ce qu'on appelle les belles lettres, que je ne sai que
dire, lorsqu'il faut écrire aux savans de Paris. Excusez donc, s'il
vous plait, mon silence : ou si je l'ose dire, remerciez-moy de ce que
je ne vous fay point perdre du tems à lire des lettres où il n'y auroit
rien digne de vous arrêter. Aussi est-ce à V. R. de nous faire savoir
les belles choses, et pour cet effet, je prends la liberté de la supplier
de vouloir nous dire les sentimens des MM. de Paris sur la réponse
que M. Simon (2) a fait sur les notes des traitez préliminaires de la *Nouvelle Bibliothèque* de M. du Pin (3). Ce prieur de Bolleville (4) en son
petit ouvrage *De l'inspiration des prophètes* (5), où il répond à des
choses que les catholiques trouvent à redire dans sa *Critique* (6), me
paroist si fort déchainé contre M. du Pin, que je ne sai que dire $\pi\epsilon\rho\iota$
$\tau\sigma\upsilon$ $\chi\sigma\lambda\alpha\zeta\epsilon\iota\nu$ (7), surtout lorsqu'il l'accuse de favoriser les sentiments
des hérétiques, et qu'il dit avec tant d'assurance que M. du Pin n'a
pas entendu saint Jérôme dans les endroits où ce père parle des livres
apocryphes du *Vieux Testament*. Je n'ai jamais veu des imposteures
avancées avec tant de hardiesse, car il me semble qu'il suffit de lire la
préface de saint Jérôme sur les livres Salomons, pour être tout con-

(1) P. 2. « Au Révérend Père Dom Jean Thierry Ruinart, Religieux Bénédictin
au Monastère de Saint-Germain des Prés, à Paris. » Dom Ruinart, né dix ans après
Dom Martianay, n'avait alors que trente ans. Il allait publier, quelques mois plus
tard (1689), son premier et son plus remarquable ouvrage : *Acta primorum marty-
rum sincera et selecta* (Paris, in-4°).

(2) Richard Simon, un de nos plus habiles hébraïsants et auquel M. Ernest
Renan a donné ce magnifique éloge, que son nom restera inscrit à jamais « parmi
ceux des grands promoteurs du savoir humain » (*Etudes d'histoire religieuse*, préface, p. xiii), était alors âgé de 49 ans.

(3) Le 1er volume de la *Nouvelle Bibliothèque des Auteurs ecclésiastiques* avait
paru en 1686, l'auteur n'ayant pas encore atteint sa trentième année.

(4) Bolleville appartient au département de la Seine-Inférieure, arrondissement
du Havre, canton de Bolbec.

(5) *De l'inspiration des livres sacrés.* Rotterdam, 1687, in-4°.

(6) Il s'agit du livre célèbre de R. Simon : *Histoire critique du Vieux Testament.*
Paris, 1678, in-4°.

(7) Sur cet accès de bile.

vaincu que M. du Pin a dit vray et que tout ce qu'on a dit contre luy à ce sujet sont de pures calomnies. Je souhaiterois encore savoir si l'on continue dans Paris d'avoir de l'estime pour le restablissement de l'*Antiquité des tems* (1), et s'il n'y a pas quelqu'un qui l'ait examiné à fond. Votre R. m'obligera de m'instruire là-dessus, et sur le reste de la littérature de Paris. Je luy souhaitte par avance les bonnes fêtes, et me recommandant à ses saints sacrifices, je suis avec respect,

Mon Révérend Père,

Votre très humble et très obéissant serviteur et affectionné confrère

F. J. MARTIANAY,
M. B.

Je présente mes très humbles respects au R. P. prieur, et au R. P. D. Mabillon (2).

De Bordeaux (3), le 23 décembre 87.

II

De Bourdeaux, le 29 mai 88.

Mon Révérend Père (4),

Il y a plus d'un mois que j'écrivis à la Seauve (5), pour avoir les copies que V. R. m'a demandé; le scindic de ce Monastère qui est présentement icy, m'a dit qu'il ne croioit pas que ma lettre eust été

(1) *L'Antiquité des temps rétablie et défendue contre les Juifs et les nouveaux chronologistes*, par le P. Paul Pezron. Paris, 1687, in-4°. Dom Martianay, qui s'était hâté d'attaquer ce livre dans des thèses publiques, devait bientôt le réfuter par un ouvrage dont il sera question dans les trois lettres suivantes.

(2) Jean Mabillon, à cette époque âgé de 55 ans, avait déjà publié la plupart de ses chefs-d'œuvre, son édition de saint Bernard (1667), les premiers volumes des *Acta sanctorum Ordinis sancti Benedicti* (1668), ses *Vetera analecta* (1675-1685), le *De re Diplomatica* (1681), etc. Martianay ne pouvait trouver auprès de cet illustre confrère un meilleur interprète de ses sentiments que Dom Ruinart, le disciple chéri entre tous de Mabillon, celui qui, honoré de toute sa confiance, devait si bien continuer ses travaux et si bien glorifier sa mémoire (*Abrégé de la vie de Mabillon*, Paris, 1709, in-12).

(3) Martianay était, depuis peu de temps, professeur d'Ecriture Sainte dans l'abbaye de Sainte-Croix de Bordeaux.

(4) P. S. Au même.

(5) La Sauve, département de la Gironde, arrondissement de Bordeaux, canton de Créon. L'abbaye de la Sauve-Majeure, dont M. l'abbé Cirot de La Ville a écrit l'histoire (Bordeaux, 1844, 2 vol. in-8°), était au nombre des plus considérables établissements méridionaux de l'Ordre de Saint-Benoît.

rendue à celui à qui je m'étois adressé. Je lui écris tout de nouveau, et le prie que s'il ne peut nous rendre ce service, de m'envoyer le manuscrit avec la permission du R. P. prieur. V. R. peut croire que si la chose eust dépendu de moi, je n'eusse pas si fort tardé à lui donner satisfaction, mais c'est une pitié de n'avoir pas ce qu'on souhaite devers soi. Je promès à V. R. que je n'oublierai rien pour lui faire tenir au plutôt les pièces qu'elle demande, je la supplie seulement de ne pas m'imputer les fautes des autres.

J'ai mis ce matin au messager une boëte adressée au très R. Père Supérieur général (1). Elle contient un beau reliquaire qu'un religieux a fait exprès pour lui, et deux cayers de ma réponse au livre de l'*Antiquité des tems*, c'est à dire l'avertissement de mon livre, et le premier chapitre de mes réponses (2). Le messager a dit qu'il arriveroit à Paris le mardy de la pentecoste; je prie Votre R. d'en donner avis au très Révérend Père Supérieur général, et de le faire souvenir qu'il m'a promis de mettre mon petit travail entre les mains des plus habilles sur les matières disputées. Je ne souhaite rien tant que d'être corrigé lorsque je manque; ainsi loin de me rebuter de ceux qui m'avertissent de mes fautes, ce sont ceux là que je cherche partout (3) : mais il faut me payer de raison, autrement je persiste à soutenir ce que j'ai avancé, et cela même avec un mépris de ceux qui se mêlent de juger de ce qui les passe de cent lieues. Pour juger de mes réponses, il faut nécessairement avoir lu l'*Antiquité des tems*, et savoir les matières de l'Ecriture mieux que le commun des savants. Il faut aussi distinguer le stile des critiques de celui des déclamateurs, et la vérité des faits d'avec les figures des orateurs. Si le R. P. D. Jean Mabillon est un des examinateurs, je ne le récuserai point, parce que je le tiens pour bon connoisseur, et que je suis persuadé qu'il est équitable. Si V. R. est aussi de mes critiques, je vous le pardonnerai, à condition que vous me fairez cette justice de croire que je suis sincèrement et avec respect,

Mon Révérend Père,

Votre très humble serviteur et confrère,

F. Jean MARTIANAY,

M. B.

(1) C'était alors Dom Evroul Claude Boitard, qui avait succédé, l'année précédente, à Dom Michel Benoît Brachet.

(2) L'ouvrage parut l'année suivante (Paris, in-12) sous ce titre : *Défense du texte hébreu et de la chronologie de la Vulgate, contre le livre de l'ANTIQUITÉ DES TEMPS RÉTABLIE.*

(3) Citons ici les paroles de Niceron (p. 101) : « Cet auteur avait beaucoup de vivacité, et une grande fécondité d'imagination, mais trop préoccupé pour ses propres

III

Mon Révérend Père (1),

Si vous avez travaillé pour m'attirer du côté de Paris, quelque autre a travaillé plus efficacement pour m'en éloigner. Je viens de recevoir un ordre fort surprenant de N. R. P. visiteur qui me sort de Bourdeaux, et me met hors d'état de vous rendre le moindre service, si vous ne travaillez auprès du R. P. général pour qu'on me laisse icy pour achever ce que j'ai commencé pour vous et pour moi. Je reste même icy tout seul pour faire ce que V. R^e veut de moi, parce que celui qui m'aidoit doit partir bientost pour la Réole, où je dois aussi aller si le R. P. visiteur n'a égard à ce qu'on lui demande là dessus.

Je prie V. R^e de communiquer au très R. P. général le travail que vous me donnez, et de le faire souvenir de mes cayers qu'on a peu examiner vingt fois depuis qu'ils sont à Paris, si l'on s'estoit voulu donner cette peine. Il y a des gens habiles qui ont veu ce que vous avez de mes réponses, qui me pressent vivement de continuer cet ouvrage, mais je serai bien loin de mon conte si l'on me banit de par icy. Il faut que N. R. P. visiteur n'ait aucune connoissance de ce qui se passe, et que N. R. P. général ne se souvienne gueres de ce qu'il promet. Faites-le donc souvenir que j'ai pris quelque engagement avec un libraire de cette ville, et que je l'ai fait après avoir sceu qu'il le vouloit bien, pourveu que j'envoiasse mes écrits à Paris. En vérité, vous ne vous souciez guères de delà de nos banqueroutes. Prenez garde qu'on en peut jetter la faute sur Paris, et que vous avez à faire à un homme qui dit toutes choses par leur nom. Je suis avec respect,

Mon Révérend Père,
Votre très humble serviteur et confrère,
F. J. MARTIANAY,
M. B.

De Bourdeaux, le 6 juillet 88.

sentiments, il ne souffrait la critique qu'avec peine; le public s'en est souvent aperçu par la manière dont il a répondu à ses adversaires. D'un autre côté, il reprenait les autres avec une liberté qui n'était pas toujours réglée par la discrétion et la raison; il n'épargnait pas même ses propres confrères... » Tous les biographes de Dom Martianay lui ont adressé les mêmes reproches.

(1) P. 4. Au même.

IV

De Bourdeaux, le 10 juillet 88 (1).

Mon Révérend Père,

Les actes de S. Théodoros marquez tous les derniers dans le catalogue ne sont point dans le manuscrit de la Seauve, qui n'a pas été achevé d'écrire par le copiste qui en obmet même quelques-uns dans le corps du livre. Si V. R^e a besoin des autres de S. Théodore martir, ils y sont assez au long. Pour tout le reste, je prie V. R^e de me faire un catalogue de tout ce qu'elle veut que je lui copie, au cas que je ne quitte pas ce monastère, et de me dire par quelle voye il faudra les envoyer. Le P. Papebroch (2) me demande bien de ces actes, hatez-vous de les avoir le premier. Pour ce qui est de l'embarras dont V. R^e me parle, elle doit être persuadée que je n'ai jamais prétendu embarrasser personne à Paris, et que je suis si éloigné de vouloir le faire, que je vous supplie de toutes mes forces de ne jamais plus penser à vous jetter pour moi dans de semblables embarras. On me le pardonnera, si on veut; Paris n'est pas pour faire ma fortune, non plus que l'objet de mes désirs. Je me contente de ce que Dieu m'a donné pour passer cette triste vie, et je crois sans une grande vanité que Paris pourra avoir plutôt besoin de moi, que je n'aurai besoin de Paris. Ce n'est pas que je n'eusse grand sujet de me plaindre de beaucoup de manières désobligeantes, qui me font bien connoitre à présent qu'on n'agit pas avec moi avec la mesme sincérité que j'ai toujours agi avec les autres. Mais il faut qu'on se joue de ceux qui sont loin, et que l'esprit de cour se glisse parmi les muses, aussi bien que partout ailleurs. Je bénis Dieu de tout mon cœur de ce qu'il accomplit en moy ses volontez par cela même que les hommes semblent faire pour se jouer de la simplicité des petits. V. R^e verra au grand jour le développement de tout ce mystère.

V. R^e me surprend lorsqu'elle me dit que je devois envoyer quelque chose des ouvrages de saint Jérôme, et je vois bien qu'elle ne sçait pas qu'on m'avoit mandé de ne rien faire sur ce père, qu'ap-

(1) P. 5. Au même.

(2) Le jésuite Daniel Papebroch, un des plus vaillants et des plus savants continuateurs de Bolland dans l'œuvre admirable des *Acta sanctorum.* Voir le digne hommage rendu au P. Papebroch par Dom Pitra (*Etudes sur la collection des Actes des Saints,* Paris, 1850, in-8°, p. 24 et suivantes).

prendre exactement l'histoire de son temps, et que collationner ses manuscrits jusqu'à ce que je serois avec les autres. J'avois en effet commencé à faire des notes et quelque dissertation, mais on m'arresta tout court en me disant qu'il n'étoit pas temps. Voilà comme Paris n'est pas d'accord avec lui-mesme, mais ce n'est pas la première fois. Non assurément, je n'envoyrai rien à Paris, et je ne me répans que trop d'y avoir jamais rien envoyé, surtout de l'avoir fait sur cent fausses promesses qu'on me fist, dont on ne m'a pas tenu la moindre chose. Je ne sçai si V. R⁵ me comprend.

Je prie V. R⁵ de vouloir dire à N. très R. P. général, que s'il ne me fait repondre promptement sur mes petits cayiers, il va me faire le plus grand tort du monde, parce qu'il y a d'autres personnes qui se hâtent de répondre à l'*Antiquité des tems* (1), et qu'ils diront des choses semblables à tout ce que j'avance de plus fort, de sorte qu'étant la première voix, je ne serai pourtant qu'un écho à cause qu'on m'a retardé mes cayers. La grande pitié que c'est de dépendre de vous autres surtout en matière de littérature! Je ne vous le cache point, si je n'ai bientôt réponse, je m'en vai mettre toutes mes remarques entre les mains d'un homme qui travaille à cela, afin qu'il profite de tout mon travail. Au moins aurai-je la satisfaction de voir défendre la vérité par un autre, et d'avoir contribué de quelque chose à détromper le monde sur un livre plein de galimatias. Voyez après cela si j'ai raison de m'impatienter, et si je pourrai m'empêcher de me plaindre de Paris.

Je suis avec respect,

Mon R. Père,
Votre très humble serviteur et affectionné confrère,
F. J. MARTIANAY,
M. B.

V

Benedicite. Paris, 2 avril 1690 (2).

Mon Révérend Père,

J'étois convaincu depuis longtemps que Votre Révérence avoit de la bonté pour moy, et les nouvelles preuves qu'elle m'en a données à

---

(1) Martianay voulait sans doute parler ici du dominicain Michel Lequien, qui publia, en 1690, à Paris : *Défense du texte hébreu et de la version vulgate, servant de réponse au livre intitulé* : l'ANTIQUITÉ DES TEMPS RÉTABLIE, etc. (1 vol. in-12). Ce fut le premier ouvrage de Lequien, qui avait alors moins de trente ans.

(2) P. 6. Au Révérend Père Dom Claude Estiennot, procureur général de la congrégation de Saint-Maur, à Rome. Voir sur Dom Estiennot une lettre de Dom Ber-

présent n'ont pas peu servi à me confirmer dans cette persuasion.
Je vous rends donc de très humbles actions de grâces, de la peine
que vous avez voulu prendre en m'écrivant que Sa Sainteté (3) a
bien voulu me faire mander. Ce n'est pas pour moy une petite con-
solation dans le travail de S. Jérôme, que de m'y voir exhorté par le
Souverain Pontife, et je vous avoue que cet avantage, qui commence
à m'être commun avec ce saint docteur, me fait espérer de mieux
réussir dans cette entreprise, que je n'aurois fait sans la bénédiction de
Sa Sainteté. Je n'ai pas manqué de faire mention de toutes ces choses
dans le Prodrome de saint Jerôme (4), qui commence de s'imprimer
cette semaine, pour être achevé, s'il plait à Dieu, dans le tems de
notre chapitre général. C'est un petit ouvrage que je donne au public, afin de faire connoître à tout le monde le grand besoin qu'a ce
Père d'être rétabli par une bonne édition de ses ouvrages. Il est
composé comme de trois parties : la 1re est une lettre que je fais aux
sçavans, où je leur montre par quelques exemples qui sautent aux
yeux, combien on a corrompu saint Jérôme, dans toutes ses éditions
précédentes, et où je les prie bien humblement de nous donner tous
les secours qu'ils pourront pour en faire une plus exacte et digne
d'un aussi sçavant Père que saint Jérôme. La 2e partie est l'excel-
lente épitre de saint Jérôme à Sunnia et Fretela, je la donne en deux
colonnes séparées et vis-à-vis l'une de l'autre, afin que par la compa-
raison de la nouvelle avec l'ancienne édition, on puisse voir d'un
coup d'œil les changements et les corruptions qu'on avoit fait
glisser. La dernière partie sont des notes que j'ai faites sur tout ce
qui regarde cette épitre, et surtout sur les passages hébreux qui y
sont citez, et sur les passages des Septante et des autres anciens in-
terprètes grecs. Il me tarde que cette pièce ne soit à Rome, et que tout
le monde ne soit témoin de ce qu'il est impossible de s'imaginer avant
que l'avoir vu de ses propres yeux. Votre Révérence, qui est nommée
et comprise dans la lettre que j'adresse aux sçavans, ne nous refu-

---

nard de Montfaucon à Baluze, publiée dans le tome x de la *Revue de Gascogne*
(p. 34-36). De l'éloge qu'y fait Montfaucon de son éminent confrère, j'a irapproché
divers autres témoignages non moins flatteurs.

(3) Alexandre VIII (Pierre Ottoboni), élu le 6 octobre 1689, à l'âge de 79 ans,
mort le 1er février 1691. Ce fut un généreux protecteur des lettres : il acheta et
réunit à la Vaticane la riche bibliothèque de la reine Christine, et il aima et favorisa
beaucoup la laborieuse congrégation de Saint-Maur.

(4) *Divi Hieronymi Prodromus, sive epistola D. Joannis Martianay ad omnes
viros doctos ac studiosos, cum epistola sancti Hieronymi ad Sunniam et Fretelam
castigata ad MSS. codices optimæ notæ.* Paris, 1690, in-4°.

sera pas sans doute de s'employer pour nous faire avoir la collation des manuscrits du Vatican, et je ne crois pas que S. Jérôme puisse paroitre dans tout son éclat, sans qu'on puisse dire qu'il vient de Rome avant que sortir de Paris. Je m'attends donc à ce grand secours de la part de Votre Révérence.

J'ose encore la supplier très humblement de vouloir m'obtenir et m'envoyer douze médailles avec les indulgences, six pour les personnes que je vous nomme icy en particulier, et le reste pour ceux à qui je les donnerai dans l'occasion.

1. Pour F. Jean Martianay, M. B. . . . . un S. Benoit.
2. Pour Jean Martianay, son frère. . . . . un S. Jean.
3. Pour Françoise Martianay de Dusaut, sa sœur. . . . . une Ste Françoise.
4. Pour Marie de Lucat, sa belle-sœur. . . . . une Vierge Marie.
5. Pour M. Dusaut, son beau-frère. . . . . etc.
6. Pour Louis Roulland, son libraire. . . . . . .

et si vous voulez une 7e pour Catherine Coton.

Voyez, Mon Révérend Père, ma confiance, excusez-la, s'il vous plait, puisqu'elle ne diminue point le respect avec lequel je suis tousjours,

Mon Révérend Père,

Votre très humble et très obéissant serviteur,

F. Jean MARTIANAY,

M. B.

Je ne sçai point si V. R. a receu deux de mes livres que je mis bientôt après qu'ils furent imprimez entre les mains du R. P. secrétaire du très R. P. général, pour vous les envoyer. Ils étoient bien reliez en veau, et je vous les envoyois comme par présent; je doute fort qu'on l'ait fait, mais je n'en suis pas cause. F. Michel présente ses respects à V. R. Il a demeuré à Orléans lorsque vous y étiez supérieur.

VI

Benedicite.

Mon Révérend Père (1),

Je n'ai pas manqué d'envoyer à Votre Révérence par la poste un *Prodrome de saint Jérôme* aussitôt qu'il a esté imprimé. Vous m'obligerez infiniment de me faire sçavoir l'accueil que Sa Saincteté luy

____

(1) Page 8. Au même.

fera, et de me dire sincèrement ce que V. R. pense de ce petit essai, et ce qu'on en dit du costé de Rome. Je n'ai eu autre dessein que de faire connoistre au public le grand besoin qu'on a dans l'Eglise d'une nouvelle édition de saint Jérôme, qui se trouve horriblement gâté et corrompu dans celles que nous avons, et de demander en mesme tems aux sçavans et à toutes les personnes de lettres le secours qu'ils pourront nous donner pour en faire une beaucoup plus exacte. Les exemples que j'ai apportez de ces altérations et de ces corruptions incroiables dans saint Jérôme paroissent sauter aux yeux de tous ceux qui entendent un peu les langues; et je ne doute point que tout le monde ne soit convaincu par l'édition de l'épitre à Sunnia et à Fretela en deux colonnes, qu'on s'est donné la liberté de composer la plus grande partie de cette pièce sur le texte grec et hebreu d'aujourd'huy, ce qui n'est pas d'une petite conséquence pour rendre suspectes les éditions en une infinité d'autres choses de pareille nature, dont les ouvrages de saint Jérôme sont remplis. Mais en voilà de reste pour un aussi bon juge que V. R. et ainsi des autres. On a fait beaucoup de collations dans ce païs ci, qui me sont inutiles à cause qu'on y a passé tous les mots hébreux et grecs, quoiqu'ils soient de la dernière importance dans saint Jérôme, qui en est tout plein. J'espère tout du zèle et de la diligence de V. R. qu'elle se souviendra de nos médailles, et me fera la grâce d'être bien persuadée que je suis avec respect,

> Mon Révérend Père.

> Votre très humble et très obéissant religieux,
>
> F. Jean MARTIANAY,
>
> M. B.

VII

Benedicite.   A Saint-Germain des Prés, le 10 aoust 1690.

Mon Révérend Père (1),

J'ai receu ce matin la derniere lettre que Votre Révérence m'a fait l'honneur de m'écrire, j'y reconnois partout les marques de la bonté qu'elle a pour moy, et s'il y avoit quelque chose qui peut me déplaire, ce seroit de vous voir faire des excuses à mon égard, comme

(1) P. 9. Au même.

si vous n'étiez pas absolument le maitre de tout ce qui me regarde, et que vous ne pussiez pas en disposer de la maniere que V. R. l'entend. Je suis bien aise que notre Prodrome ait eu la petite avanture dont V. R. m'a parlé, mais afin que vous n'en manquiez pas pour en présenter à Sa Sainteté, je vous en envoye un autre par la poste, lequel doit partir pour Rome demain au soir selon ce que Robert le Grade m'a promis. Je me sers de cette voye, parce qu'on m'a assuré qu'il n'en y avoit aucun dans le balot de livres que nos pères envoyent à V. R.; et si je ne prenois moy-mesme ce soin personne ne penseroit à vous l'envoyer : car ceux qui ont cette charge veulent qu'on leur donne tous les livres qu'ils envoyent à Rome, et seroient fachez que les présens qu'ils font leur coûtassent un double; et moy je serois encore plus faché d'employer l'argent de mes parens ou de mes amis à faire des présens au nom de la Congrégation. Tout ce que j'ay est au service de V. R., mais non pas à celuy de nos officiers, qui sont amis jusqu'à la bourse. Si je trouve quelque commodité, j'en envoyeray encore un pour V. R. et un autre pour le très Révérend Père Cloche, général de l'ordre de Saint-Dominique (1).

Je ne sçay si j'ay parlé à V. R. de la *Chronique* d'Eusèbe traduite par saint Jérôme. Nous sommes resolus de la donner avec les autres ouvrages de ce père, et de la mettre dans le 1er volume. C'est pourquoy je supplie V. R. de nous en faire collationner tous les exemplaires manuscrits qu'elle pourra trouver de delà.

Je croi que vous verrés bientôt dans le *Journal des Sçavans* une lettre que j'ay écrite à M. le président Cousin (2), où je tache de prouver que saint Jérôme, en citant les mots hébreux, ne les a jamais écrits qu'en caractères latins (3), ainsi que V. R. les verra dans les manuscrits et que je les ai marqués dans le Prodrome.

(1) C'est au Père Cloche que Martianay a dédié la *Méthode sacrée pour apprendre à expliquer l'Ecriture Sainte par l'Ecriture même* (Paris, 1716, in-8°). Le P. Cloche était né à Saint-Sever. Le correspondant de Bossuet et de Fénelon est ainsi loué dans une lettre de Dom Durand à Dom Bultean, du 4 juin 1686 : « C'est un très » digne sujet, homme de tête, savant, capable de rétablir ce grand ordre, et de le » maintenir dans sa splendeur, et tellement agréé de toutes les nations, que de qua- » tre-vingt-cinq voix, il en a eu soixante-douze. » (P. 272 du tome I de la *Correspondance inédite de Mabillon et de Montfaucon avec l'Italie*, publiée par Valery, 1846.)

(2) Louis Cousin, de l'académie française, rédacteur du *Journal des Savants* depuis 1687 jusqu'en 1702, mort en 1707, à 80 ans.

(3) Cette lettre parut dans le *Journal des Savants* du 15 janvier 1691. Diverses autres lettres de Dom Martianay ont été publiées dans le même recueil (années 1690, 1696, 1697, 1703).

J'ai peur que les Savoiards ne soient cause que je ne reçois point les médailles d'indulgence. V. R. m'obligera de s'en souvenir, et d'être persuadée que je suis avec respect,

Mon Révérend Père,

Votre très humble et obéissant religieux,

F. Jean MARTIANAY,

M. B.

VIII

Benedicite.   A Paris, le 26 mars 1691.

Mon Révérend Père (1),

J'ai receu tout ce que V. R. a eu la bonté de nous envoyer, pour ce qui regarde la Chronique, et le livre des Ecrivains ecclésiastiques de saint Jérôme. Comme nous sommes sur le point de faire imprimer ce qu'il y a de plus curieux dans les traductions de ce Père, je supplie V. R. de nous envoyer le plutôt qu'elle pourra tout ce qu'elle a fait sur la Bible, soit pour le texte, soit pour les notes, ou les préfaces. Nous sommes extrêmement pressez de ce côté là, ainsi vous nous obligerez de nous envoyer votre travail, afin que nous puissions en faire part au public. Nous avons profité des avis de V. R. et j'ai acheté le livre intitulé *Tituli veteres et capita bibliæ,* que j'ai trouvé chez un libraire de Paris. Ce livre nous servira infiniment dans tout l'ouvrage du premier volume de saint Jérôme, mais je l'estime d'autant plus qu'il prouve l'importance de toutes les découvertes que nous avons faites. Assurement Rome aura sujet de bien recevoir nôtre saint Jérôme, si l'on a bien reçeu le livre de Carus (2). *Si tanti vitrum, quanti margaritam ?* J'aurois beau le dire mille fois, on ne pourra jamais s'imaginer ce que nous avons trouvé jusqu'à ce que cela paroisse aux yeux du public, et que tout le monde en soit témoin. Continuez, s'il vous plaît, de nous aider, et d'avoir de la bonté pour

(1) P. 11. Au même.

(2) Joseph Marie Carus. Sur ce savant italien et sur ses ouvrages on peut consulter Ellies Du Pin, *Bibliothèque des auteurs ecclésiastiques,* XVIII° siècle, t. V. Carus, qui a obtenu un court article dans le *Moréri* de 1759, a été oublié par les rédacteurs de la *Biographie universelle* et de la *Nouvelle biographie générale.*

2

celui qui sera toujours avec beaucoup de respect et de reconnaissance,
Mon Révérend Père,

Votre très humble et obéissant religieux,

F. J. MARTIANAY,
M. B.

Tous nos sçavans et demi-sçavans vous saluent et Dom Pouget (1)
présente ses respects à **V. R.**

IX

Benedicite.

Mon Révérend Père (2),

Il y a fort longtemps que nous attendons ce que V. R. nous a promis touchant les collections des ouvrages de saint Jérôme; et nous sommes déjà au milieu du premier volume sans avoir rien cité du manuscrit du Vatican dans les préfaces, faute d'avoir eu vos collations à bonne heure. Je supplie donc V. R. de nous envoyer au plutôt le reste des différentes leçons du psautier de saint Jérôme dont nous avons jusques au 45e ou 46e pseaume. Nous avòns déjà achevé votre feuille, mais cela n'est pas encore imprimé. Après les pseaumes, il faudra nous envoyer incessamment les préfaces; et je voudrois bien que V. R. nous marquast, si la préface du psautier qui commence par ces mots : *In hebræo psalmorum libro*, est attribué à quelque auteur dans le manuscrit du Vatican.

Le Père Pezron qui vient de donner un gros in-4° (3) pour défendre son *Antiquité des temps* contre mon livre, m'oblige de vous supplier de vouloir prendre la peine de voir si l'on ne trouveroit point dans les manuscrits du Vatican quelque ancienne chronique, où l'on suive la supputation du texte hébreu : ou si dans les cycles on n'a pas suivi dans

(1) Antoine Pouget, mort à Sorèze en octobre 1709, âgé de 59 ans. Il fut le collaborateur de Montfaucon pour la traduction latine d'un volume d'*Analecta grecs* (in-4°, 1688) et de Martianay pour le premier volume des *OEuvres* de saint Jérôme, volume qui fut publié sous l'un et l'autre nom.

(2) P. 13. Au même.

(3) *Défense de l'Antiquité des temps, où l'on soutient la tradition des Pères et des Eglises contre celle du Talmud, et où l'on fait voir la corruption de l'Hébreu des juifs* (Paris, 1691). Voir sur cette querelle, Daunou : *Cours d'études historiques* (t. IV, p. 371-373); le P. de Valroger, de l'Oratoire : *De la chronologie biblique. Temps primitif*, dans la Revue des *Questions historiques* du 1er avril 1869 (p. 410-416).

les supputations des années du monde tantost le texte hébreu, tantost les LXX. Enfin, si à la tête ou à la fin des Bibles ou autres livres manuscrits on ne trouve point des généalogies de Jésus-Christ, où l'on compte suivant la vérité de l'hébreu. J'ay entre les mains de ces trois sortes de livres, et je seray fort aise que vous en trouviez quelques-uns à Rome, qui nous servent à fermer la bouche d'un auteur des plus emportez et des plus impertinens qui ait jamais écrit (1). Son livre à proprement parler n'est qu'un sac d'injures, de faussetez et d'ignorances. La réponse que je luy feray, avec le secours du ciel, vous convaincra que je n'exagère pas en cecy. Je prie encore V. R. de remarquer tous les endroits des livres où vous trouverez *Veritas hebraica, secundum veritatem hebraicam*, et choses semblables, parce que cela fait à mon sujet. Nous aurons bientôt cent feuilles d'imprimées du 1er volume de saint Jérôme. Monseigneur de Meaux (2) qui a pris connaissance de nostre édition et de nos manuscrits est charmé des trésors que nous avons découverts, et cela nous fait déjà beaucoup d'honneur, et beaucoup d'envieux (3). Je suis avec respect,

> Mon Révérend Père,
>
> Votre très humble et obéissant religieux,
>
> F.-Jean MARTIANAY,
>
> M. B.

A Paris, 17 mars 1692.

X

Benedicite.   A Paris, 8 février 1693.

> Mon Révérend Père (4).

Voicy l'épitre dédicatoire adressée à Sa Sainteté (5), et qui doit

---

(1) Ce serait bien le cas d'appliquer à Dom Martianay, toujours si véhément dans ses polémiques, le joli vers de Juvénal :

> *Quis tulerit Gracchos de seditionequerentes ?*

(2) Jacques Bénigne Bossuet, nommé évêque de Meaux le 2 mai 1681.

(3) Dom Michel Germain écrivait, le 14 janvier 1692, au docte Magliabecchi, à Florence : « Il (Dom Martianay) a soixante-cinq feuilles imprimées de son premier volume de saint Jérôme qui contient des versions de l'écriture par ce Père. M. l'évêque de Meaux, très habile théologien et le plus savant prélat de France, et peut-être de l'Eglise de Dieu, en était hier charmé. » (*Correspondance inédite de Mabillon et de Montfaucon*, etc., t. II, p. 332). De son côté, Dom Tassin, après avoir dit quel service Martianay rendit à l'Eglise par cette publication, ajoute : « C'était le sentiment du grand Bossuet, qui étant venu plusieurs fois voir l'éditeur, le combla de louanges et voulut voir les manuscrits d'où il avait tiré les versions de saint Jérôme. »

(4) P. 14. Au même.

(5) Innocent XII (Antoine Pignatelli), élu le 12 juillet 1691, mort le 27 septembre 1700.

estre mise à la teste du 1er volume de nostre saint Jérôme. Diverses indispositions et plusieurs autres embarras m'ont empêché d'y travailler aussitost que je le souhaittois. Elle est enfin achevée par la misericorde de Dieu. Je l'ay toute tissue des propres paroles de saint Jérôme parlant au pape Damase ou à des autres ecclésiastiques d'Italie, et dés paroles de l'Ecriture appliquées aux actions de nostre Saint-Père, encore que je ne cite pas toujours les endroits dont je les prens. On a perdu la Bulle de la suppression du Népotisme (1), ce qui m'a empêché de la citer où j'aurois dû le faire. Je prie V. R. de m'envoyer cette Bulle, et de me marquer les endroits où l'on jugera qu'il sera plus à propos de la citer dans l'épitre que je vous envoye. Je l'ay faite voir à des gens habiles qui m'ont tous conseillé de n'y rien changer. Si elle agrée autant à Sa Sainteté et aux sçavants de Rome, j'auray sujet de bénir Dieu de m'avoir aidé particulièrement dans ce premier essay. V. R. m'obligera de me la renvoyer le plus-tôt que vous pourrez pour ne pas retarder nostre édition qui sera, s'il plaît à Dieu, bientost achevée. Nous avons déjà commencé le *Nouveau Testament*, qui ne doit pas estre de longue durée à imprimer. Nos vignettes sont faites et admirées de tout le monde. Elles parlent un langage muet qui charme tous ceux qui les entendent. La première, qui est à la teste de l'*Ancien Testament*, représente un Moïse faisant l'alliance de Dieu avec le peuple d'Israël, aspergeant de sang le livre des commandemens, et ensuite tout le peuple, selon l'idée que Moïse nous en a donnée dans l'*Exode*, et saint Paul dans l'*Epistre aux Hébreux*. Au-dessous de cette première vignette, il y a une belle lettre grise en taille douce, où est représenté un saint Jérôme avec son Rabin qui luy apprend l'Hébreu. De sorte que tout d'un coup on voit l'Auteur et le traducteur du *Vieux Testament* au commencement de la *Genèse*.

La seconde vignette représente un beau Jésus ressuscité qui paroist au milieu des onze apostres, et qui leur ordonne d'aller prêcher l'*Evangile* par toute la terre. Elle est à la teste de l'*Evangile* de saint Mathieu; et au-dessous de cette vignette il y a une lettre grise où le Pape Damase (2) est représenté avec saint Jérôme, auquel il

(1) On lit dans l'*Art de vérifier les dates* (chronologie historique des Papes) : « L'an 1692, il (Innocent XII) exécuta le projet d'Innocent XI, pour l'abolition du népotisme. Après avoir bien pris ses mesures, dit Muratori, il fit souscrire, par tout le sacré collége, une bulle, par laquelle il défendait, à l'avenir, toute complaisance excessive en faveur des neveux pontificaux, et la publia le 28 juin, avec obligation aux cardinaux, présents et futurs, de s'y conformer et de la ratifier avec serment à chaque conclave, et à tout pape élu de la jurer de nouveau. »

(2) Damase I, élu le 1er octobre 366, mort le 10 décembre 384.

commande de corriger le N. T. sur les originaux grecs. Vous voyez bien que tout cela dit aux yeux des lecteurs ce que l'ouvrage contient. En effet, ce premier volume ne contiendra que les versions de saint Jérôme, tant celles qu'il a faites sur l'Hébreu que celles qu'il a faites sur le Grec.

Le frontispice est un grand et beau saint Jérôme vestu en moine et assis sur table où il travaille à ses traductions, ayant devant luy les *Hexaples* d'Origène et quantité d'autres livres. Il écrit sur un rouleau ces paroles : *Novum Testamentum Græcæ fidei reddidi, vetus juxta Hebraicum transtuli.* Ce sont ses propres termes dans l'Epitre à Lucinius.

A la teste de l'Epitre dédicatoire, il y a aura une belle vignette où sera représenté au milieu Nostre S. Père avec deux supports, l'un la Religion et l'autre la Charité. Au-dessous, à la première lettre H, il y aura un saint Jérôme dans les fonts baptismaux, parce qu'il a esté baptisé à Rome, comme le disent les premières paroles de la dédicasse. Voilà les images; voicy la matière du livre.

Nostre 1er volume s'appelle *Sancti Eusebii Hieronymi divina Bibliotheca* (1), c'est-à-dire, la Bible de saint Jérôme, car luy mesme et tous les anciens ont appelé la Bible, *Bibliothecam divinam.* Elle n'a jamais esté imprimée dans un corps, comme nous l'imprimons à présent, et quoy qu'elle contienne bien des choses imprimées, répandues dans la Vulgate et dans les anciennes éditions de saint Jérôme, les choses y sont disposées d'une manière si particulière, qu'on peut assurer hardiment que tout est nouveau dans nostre volume, mesme les choses les plus anciennes; *novum opus ex veteri factum,* ou *omnia nova de veteribus.*

Il y aura à la teste des Prolégomènes fort amples qui rendront raison de tout cet ouvrage et où nous traiterons bien des matières inconnues jusques à présent. Il y a aura, s'il plaît à Dieu, un Traité de la poésie des livres sacrez; un autre des anciennes capitulations et divisions de versets; un autre de la chronologie des Traductions de saint Jérôme, et plusieurs autres qu'il seroit trop long de vous dire, et où nous soutiendrons la Vulgate contre les hérétiques de ce temps et contre nostre Bernardin le P. Pezron, qui la méprise trop pour un catholique.

La 1re partie contient le *canon hebraicæ veritatis* qu'on n'avait

(1) Le titre complet est celui-ci : *Sancti Eusebii Hieronymi, Stridonensis presbyteri, divina Bibliotheca, antehac inedita, studio et labore Domini Johannis Martianay et Domini Antonii Pouget, monachorum, etc.* (Paris, 1693.)

jamais veu, avec des scholies aux marges qui sont prises mot à mot du texte hébreu, et qui prouvent qu'il y a toujours eu dans l'Eglise catholique d'habiles gens dans la langue sainte, quoyqu'en disent nos ignorans et les hérétiques.

La 2ᵉ partie contient les livres de Judith et de Tobie imprimez exactement sur l'exemplaire du Vatican, car il faut que V. R. remarque en passant que nous ne faisons rien imprimer de ce qui a déjà paru, et qui se lit dans la Vulgate, que conformément à l'exemplaire imprimé au Vatican et sans y rien changer dans le texte. Dans cette mesme partie on y trouvera le livre de Job traduit par saint Jérôme sur le grec des Septante, avec les marques des obèles et des astérisques. C'est une des plus belles pièces qu'on eust jamais veu dans l'Eglise et il ne faut pas s'étonner si saint Jerôme et saint Augustin en ont fait tant d'estime On n'avoit jamais vu ce livre. Après suivent les deux psautiers imprimez à Rome par Carus (1), mais rétablis sur de très anciens et beaux manuscrits, qui ont manqué à ce sçavant homme. Il y est cité avec honneur et corrigé avec beaucoup de douceur et de charité.

La 3ᵉ partie contient le *N. Testament,* les quatre *Evangiles* adressez au pape Damase avec les canons des Concordes, etc.

Voilà, Mon Révérend Père, l'analyse à peu près de nostre ouvrage, qui est attendu dans tout le Royaume avec des impatiences incroyables.

Je suis avec respect vostre très humble et obéissant religieux.

F. J. MARTIANAY,
M. B.

Tout est écrit et fait de ma main dans l'épître dedicatoire. J'ay voulu avoir cet honneur, comme j'en ay eu le premier le dessein.

Mon Révérend Père,

Vostre très humble et obéissant religieux,

F. J. MARTIANAY,
M. B.

XI

Benedicite.   A Paris, 23 février 1693.

Mon Révérend Père (1),

On m'a conseillé de vous envoyer les vignettes de saint Jérôme, afin que V. R. les fasse voir à Sa Sainteté, et qu'elle nous mande si

(1) **P. 18. Au même.**

on les trouve bien à Rome. Il y a aujourd'huy quinze jours que je vous ay envoyé l'épistre dedicatoire; je supplie V. R. de me la renvoyer le plustôt qu'elle pourra, et de me marquer tout ce qu'on en dit à Rome.

J'ai commencé à faire imprimer ma *Continuation de la defense du texte hebreu et de la Vulgate* (1), contre nostre Bernardin, qui s'est déchaîné plus que jamais dans son dernier livre de l'*Antiquité des tems defendue*. Je le menasse de faire un extrait de plusieurs endroits de son livre et de les envoyer à Rome pour le faire condamner comme contraire aux sentimens de l'Eglise, au respect qu'on doit à la Vulgate, et à saint Jérôme qui est le véritable auteur de la version faite sur le texte hébreu. V. R. me conseillera là dessus lorsque vous aurez vu mon livre. Dom Antoine Pouget vous présente ses respects, et moy je suis toujours avec respect,

Mon Révérend Père,

Votre très humble et obéissant religieux,

F. J. MARTIANAY,

M. B.

XII

Benedicite. A Paris, 11 may 1693.

Mon Révérend Père (2),

Après vous avoir très humblement remercié de tous les soins que V. R. veut bien prendre pour notre saint Jérôme, je luy renvoie l'épître dédicatoire que j'ay retouchée dans tous les endroits qu'elle m'a marquez, et qui ne plaisoient pas à l'auteur des observations que vous m'avez envoyées. J'ai ôté tout ce que V. R. souhaittoit, et pris un tour tout nouveau dans l'article du Népotisme. Peut estre qu'il

---

(1) *Continuation de la défense du texte hébreu et de la Vulgate, par la véritable tradition des Eglises chrétiennes, et par toutes sortes d'anciens monuments hébreux, grecs et latins, et particulièrement par la Bible des premiers Pères de Citeaux et les ordonnances de leur second abbé Etienne,* contre *Isaac Vossius, protestant, et* contre *les livres du P. Pezron* (Paris, 1693, in-12). Dom Michel Germain, dans une lettre écrite à Gattola, l'archiviste de l'abbaye du Mont-Cassin, le 13 août 1693, caractérise ainsi la hauteur avec laquelle Dom Martianay traita le P. Pezron : « Vas- » conico tibi cothurno forte non ignotus, qui de creati orbis annorum serie pugna- » vit semel et iterum et hostem confodisse sibi visus est acerrimo stylo, qualem » Erasmus, qualem Erasmi sectator Germanus non infixisset. » (*Correspondance iné-dite de Mabillon et de Montfaucon,* tome II, p. 354). — A propos de Pezron, rappelons que La Bruyère l'a peint sous le nom de *Hermagoras.*

(2) P. 16. Au même.

ne choquera pas les interessez, comme avoit fait le premier, qui pour estre pris sur les maximes de l'Evangile, est trop parfait pour les saints de nostre siècle. V. R. m'obligera de faire revoir au plus tost nostre epistre dedicatoire, et de me la renvoyer pour le plus tard quinze jours après l'avoir receue, car autrement il faudroit arrester l'ouvrage, ou imprimer cette pièce comme je vous l'envoye à présent avec les changemens. La vignette du Pape qui est à la teste de cette epistre ne peut estre imprimée qu'après elle, et si la vignette étoit toute fraîche quand on reliera le livre, on gâteroit tout. Ainsi ne vous arrestez pas, s'il vous plaît, plus long tems, crainte que le public ne se plaigne de ce retardement.

Mon livre de la *Continuation de la défense du texte hébreu de la Vulgate* paroît depuis environ un mois. Dieu mercy, tout ce qu'il y a d'habiles gens à Paris témoignent en estre satisfaits : mais j'espère qu'on en sera encore plus satisfait à Rome, quand on aura vu renverser un système chimérique de chronologie si contraire à l'autorité de la Vulgate et aux sentimens des saints Pères. J'ai mis mon adversaire dans la nécessité de renoncer à ses propres livres, ou à ses premiers Pères de Cîteaux. Tout le monde est surpris de voir tant d'ignorance dans un livre qu'on croioit estre si rempli d'erudition. Je ne crois pas que vous puissiez vous imaginer ce que c'est jusques à ce que vous ayez vu ma critique. Je voudrois de bon cœur que vous l'eussiez déjà, mais il y a trop loin de Paris à Rome.

Je prie V. R. de marquer à la fin de l'epître dédicatoire la souscription *offerebat supplex* que j'avois mis dans le premier exemplaire. Cela pourtant au cas qu'il soit nécessaire d'y mettre mon nom. Je suis avec respect,

    Mon Révérend Père,

        Votre très humble et très obéissant religieux,

            F. Jean MARTIANAY,
              M. B.

XIII

Benedicite.   A Paris, 3 aoust 1693.

Mon Révérend Père (1),

J'ai une extrême confusion de vous avoir donné tant de peine dans la copie du livre de Job; mais si Dieu nous donne encore cinq ou six

(1) P. 17. Au même.

mois de vie, et un peu de santé pour travailler (1), peut estre que
V. R. entendra des choses qui feront aimer ce travail et celuy qui
vous y a engagé. Nous sommes dans le temps de donner des marques
publiques de reconnoissance à l'égard de tous ceux qui nous ont
aidez dans l'édition de saint Jérôme. J'ai destiné un endroit pour celui qui nous a collationné les manuscrits du Vatican (2), jugez si je me
tairai de ses honêtetés infatigables. S'il m'étoit permis de me plaindre
de certaines gens qui m'ont traversé, comme il m'est permis de me
louer de tous ceux qui nous ont encouragez, vous seriez surpris de
voir en jeu ceux que je n'oserois vous avoir nommez.

J'ai donné au P. Dom Jean Le Cerf deux exemplaires de ma *Continuation de la defense du Texte Hebreu et de la Vulgate*, l'un est
pour Sa Sainteté, et l'autre pour Votre Révérence. Il m'a promis de
vous envoyer ce petit présent. Peut estre que quand vous l'aurez là,
vous serez convaincu que la *Vulgate* et saint Jérôme y sont très mal
traitez, et que cela mériteroit qu'on y fist faire à Rome quelque ré-
flexion. Vous seriez bien surpris si Paris temoignoit plus de zèle
pour la Vulgate, que l'Eglise de Rome. *Tempus tacendi, et tempus
loquendi*. Mes très humbles respects au Révérendissime Père général de Saint-Dominique, auquel je vous supplie de donner un de
nos petits livres quand V. R. en aura receu plusieurs qu'on vous
envoye.

Je suis avec respect et reconnoissance,

Mon Révérend Père,

Votre très humble et très obéissant religieux,

F. J. MARTIANAY,

M. B.

(1) La santé de Martianay laissait beaucoup à désirer : il était tourmenté de la
pierre, pour laquelle il souffrit l'opération de la taille (Dom Tassin). Martianay n'a
pas craint de fournir de singuliers renseignements sur son infirmité. Dom Le Cerf en
parle ainsi (p. 321) : « Il entre quelquefois dans des détails et des minuties qui ne
peuvent servir qu'à exciter la risée publique. Quel rapport peut avoir, par exemple,
avec le projet de donner au public une nouvelle édition des *OEuvres* de saint Jérôme,
le détail où il entre de sa maladie, et la façon dont il conte l'opération d'un
chirurgien ? »

(2) Dom Estiennot lui-même. Ce grand travailleur fut pour la plupart des membres
de la congrégation de Saint-Maur le plus obligeant et le plus précieux des auxiliaires.

Je demande si le manuscrit de Job est en papier ou parchemin, et qui est cette Bibliothèque que V. R. appelle d'Astemps (?).

XIV

Benedicite.   A Paris, 13 juin 1694.

Mon Révérend Père (1),

J'ai enfin reçu la lettre que vous avez eu la bonté de m'écrire. Elle est datée du 27 avril, ce qui me donne à connoitre qu'on l'a gardée trois semaines sans vouloir me la rendre. Je sçavois qu'on avoit écrit à V. R. et que la persécution suivoit S. Jérôme jusques à Rome : mais j'ai toujours eu confiance en votre bonté et en votre conduite, et je n'ai pu craindre que vous voulussiez contenter la passion de ceux qui avoient renoncé à la charité et à la justice. Je n'oserois me ressouvenir de tous les mauvais traitemens qu'il m'a falu souffrir pour avoir mis au jour le 1er volume de S. Jérôme, ni de tant d'injustes violences qu'en a fait à l'auteur et à l'ouvrage. Cela renouvelleroit les justes ressentimens que causent ces pensées et m'obligeroit de dire encore une fois au Seigneur : *Conclusisti me apud iniquum,* vous m'avez tenu lié sous la puissance de l'injuste, etc. Je ne vous en dirai autre chose, sinon qu'on n'auroit pu s'élever avec plus de violence qu'on a fait, encore que j'eusse donné au public un livre plein d'hérésies. Tout Paris a retenti du bruit et du fracas de cette affaire, et quand on a vu le sujet de la tragédie, on n'a pu assez admirer que pour deux ou trois remarques faites sur le *Cassiodore* (2) et sur le *Saint Hilaire* (3) des pères de Saint-Maur, on travaillât à perdre un si grand ouvrage, et qu'on maltraitât si fort celuy qui en est auteur. Quand le feu de la passion et le bruit de l'orage ont été un peu appaisés, on a reconnu qu'on étoit allé trop vite, et qu'on n'avoit aucun sujet de se plaindre de ce que j'ai dit de

(1) p. 20. Au même.

(2) *Magni Aurelii Cassiodori, senatoris, viri patricii, consularis et Vivariensis abbatis, opera omnia, in duos tomos distributa, ad fidem mss. codd. emendata et aucta, notis et observationibus illustrata,* etc. Rouen, 1679, 2 vol. in-fº.

(3) *Sancti Hilarii, Pictavorum episcopi, opera, ad manuscriptos codices gallicanos, romanos, belgicos, necnon ad veteres editiones castigata,* etc. Paris, 1693, 1 vol. in-fº.

Dom Blanpin (1) et du P. Coutant (2); que le père Garet (3) à la vérité est repris avec trop de force, mais que la moindre correction faite en secret auroit pu me faire porter la peine de cette faute, quand on auroit résolu de m'en punir sans miséricorde. Ce qu'il y a eu de plus fâcheux pour moi, c'est que dans les changemens qu'ils ont faits dans les Prolégomènes, ils me font parler contre mes sentimens, et transmettre des impostures à la postérité. Je les ai priez de remettre ces cartons, et de souffrir que je remplisse les endroits du P. Garet et du P. Coûtant de la matière du canon, et que j'ôtasse tout ce que j'avois dit de l'un et de l'autre : mais ils ont voulu pousser toutes choses à l'extrémité, et ne pas entendre aux moyens de pacifier les choses, et d'appaiser le bruit. J'ai cru en cette rencontre que j'étois plus obligé d'obéir à Dieu qu'aux hommes, et qu'il n'y avoit personne qui peut m'obliger à mentir de propos délibéré. .

Je n'ai donc pas voulu consentir qu'on insérât ces deux cartons dans mes Prolégomènes, parce qu'ils sont contraires à la vérité, et au témoignage de ma conscience; et à cause que j'ai témoigné de la fermeté dans une affaire où ma conscience étoit interessée, on m'a traité comme le dernier des rebelles et comme un scélérat. Mais enfin *quid juvat infandum renovare dolorem?* Toutes choses sont maintenant pacifiées, et l'on m'a rétabli depuis quelques jours; mais on a mis dom Antoine Poujet avec dom Bernard Monfaucon, pour travailler au S. Athanase (4) à la place de feu D. Jacques Lopin (5). Je ne sai qui l'on me donnera pour collègue, et si ce ne sera point

(1) Thomas Blampin, mort en 1710, à 70 ans, le principal éditeur des *OEuvres complètes* de saint Augustin (Paris, 1679-1700, 8 vol. in-f°). Voir sur cette publication un opuscule de dom Thuillier: *Histoire de la nouvelle édition de S. Augustin* (Paris, 1736, in-4°), opuscule mis au jour et annoté par l'abbé Goujet.

(2) Pierre Coûtant ou Coustant, mort en 1721, à 67 ans, un des éditeurs du saint Augustin et l'éditeur du saint Hilaire. Dom Le Cerf, en signalant les attaques de Martianay contre Coûtant, dit: « Ce dernier cependant est un de nos plus respectables auteurs. » Dom Rivet, d'autre part, a ainsi apprécié le *Saint Hilaire* de Coûtant (p. 193 du tome 1 de *l'Histoire littéraire de la France*): « C'est sans contredit la plus belle, la plus exacte, la plus parfaite de toutes celles qui ont paru jusqu'à présent; et elle a mérité à juste titre l'estime et l'approbation de tous les savants de l'Europe. »

(3) Jean Garet, mort en 1694, à 67 ans. Ce fut l'éditeur du *Cassiodore*.

(4) Les *OEuvres* de S. Athanase parurent en 1698, à Paris, en 3 vol. in-f°. Cette édition, *travail incomparable*, comme l'appelle Ellies Dupin, fait surtout honneur à Montfaucon, que la mort ou le départ de ses deux collaborateurs laissa seul sur la brèche.

(5) Jacques Lopin, mort en 1693, âgé seulement de 38 ans.

quelque père de Normandie (1). Tout comme il leur plaira, je suis indifférent à tout.

J'ai donné deux exemplaires du *Journal des Sçavans* à M. Anisson (2), afin de vous les faire tenir par M. Luillier, son correspondant. J'ai eu beaucoup de peine à vous les envoyer, parce qu'il n'est rien de plus chétif que l'extrait de notre S. Jérôme. Le journaliste n'a pas attendu nos mémoires pour faire un extrait qui fit connoistre le mérite du livre. Il a jeté les yeux sur les Prolégomènes, et là-dessus il a fait son journal, qui a causé de la peine à tous ceux qui l'ont vu, et qui sçavent ce qui est contenu dans le 1er volume de notre édition. Il y a des bévues fort grossières dans cet extrait, et on n'y parle que des prolégomènes du livre. Ce qui montre que très peu de gens sont capables de comprendre l'importance de notre travail et le service qu'on a rendu à l'église. On sera obligé de faire mettre quelque supplément dans le journal, afin de réparer la précipitation du journaliste, ou, pour mieux dire, afin de réparer les fautes que le tems de la tempeste et de la persécution y ont fait glisser. Si ce supplément se fait, comme tous les amis le conseillent, je vous en envoyerai des exemplaires.

Au reste, mon révérend Père, je vous suis infiniment obligé de toutes les bontés que vous avez pour moi, et des bons offices que vous me rendez dans les occasions. Vous avez pu remarquer que je ne suis pas tout à fait ingrat, et j'espère que vous en serez convaincu de plus en plus. Je suis résolu de faire tout ce que vous me conseillez en amy et véritable confrère, et de ne plus donner prise à l'envie ni à ceux qui sont mal disposez à mon égard. Mes affaires sont icy finies avec le P. Pezron. Mgr de Paris (3) l'a fait citer, et luy a ordonné de

---

(1) Cette plaisanterie pourrait être rapprochée de celle de Scarron, qui prétendait avoir rencontré aux eaux de Bourbonne :

> « .... Le poëte Patrix,
> » Quoique normand, homme de prix. »

Jacques du Lorens a dit aussi :

> « Si un homme est normand, on croit qu'il ne vaut rien. »

(2) Jean Anisson, sieur de Hauteroche, fils du célèbre imprimeur et libraire de Lyon, Laurent Anisson, et lui-même directeur (à partir du 15 janvier 1691) de l'imprimerie royale. Ce fut lui qui imprima le *Glossaire grec* de Du Cange, le *Saint Athanase* de Montfaucon, et tant d'autres monuments de l'érudition française. Voir sur lui la *Correspondance inédite de Mabillon et de Montfaucon avec l'Italie* (*passim*).

(3) François de Harlai de Champvallon, archevêque de Paris le 12 mars 1671, mort le 6 août 1695.

— 29 —

ne plus écrire sur les matières de notre contestation (1). Son libraire
a fait banqueroute et l'on assure que le dernier livre de l'*Antiquité
du tems* y a beaucoup contribué, n'en ayant pas vendu cinquante
exemplaires. Nous sommes sur le point de nous embrasser avec le
père Pezron, ainsi voilà la vérité et la charité qui triompheront après
des disputes assez aigres. Nos gens me croyoient entièrement ter-
rassé avant que j'eusse écrit mon dernier livre, et ils ont été confus
de me voir terrasser leur héros. Dieu soit béni de tout, et en toutes
choses, et pour toujours, puisque c'est luy qui nous humilie et qui
nous relève quand il luy plaît.

Nous sommes résolus de faire imprimer la *Version italique*, c'est-
à-dire celle dont l'Eglise se servoit avant saint Jérôme. Nous avons
déjà découvert plusieurs livres de l'*Ancien* et du *Nouveau Testament*
qui contiennent cette ancienne version. Si V. R. pouvoit en découvrir
quelque pièce dans les manuscrits de Rome, je vous prie de nous en
donner avis. Pour reconnoître cette ancienne Vulgate, V. R. n'a qu'à
confronter les manuscrits avec notre édition de saint Jérôme, et vous
verrez bientôt par les différences des manuscrits avec l'édition si c'est la
version de saint Jérôme ou si c'en est une autre. Pour le volume suivant
de saint Jérôme, nous l'allons commencer par les traitez *de Nominibus
hebraicis, de locis hebraicis* et par les questions hébraïques sur la
Genèse, qui seront suivies des commentaires sur les prophètes, etc.
C'est le sentiment de nos sçavans de Paris, de faire suivre les commentaires de l'Ecriture après le texte que nous avons donné dans le
1er volume, et de remettre les épitres à la fin. V. R. m'obligera de
sçavoir le sentiment des habiles gens de Rome, et de nous le mander, afin de ne rien faire sans conseil. Nous continuerons de donner
les ouvrages de saint Jérôme de la manière qu'il les a donnez luy-
mesme, sans nous arrêter à tant de goûts différens des personnes qui
le lisent. Il est impossible que nous contentions tout le monde, puisque saint Jérôme luy-même n'a sçu les contenter, comme il témoigne
dans sa préface du onzième livre des *Commentaires sur Isaïe : Dif-*

(1) Dom Tassin dit à ce sujet (p. 384): « Le P. Pezron se disposait à réfuter cet ouvrage (la *Continuation de la défense du texte hébreu*), lorsqu'il fut appelé par l'archevêque de Paris qui lui défendit d'écrire davantage sur cette matière, parce que
le prélat avait été averti que des libertins et des protestants se servaient des argu-
ments de l'auteur de l'*Antiquité des temps rétablie* pour attaquer des vérités essen-
tielles à la foi catholique. Ainsi cessèrent toutes les contestations. » Sur toute cette
polémique, voir le curieux opuscule de Martianay : *Relation de la dispute de l'auteur du livre de l'Antiquité des temps rétablie, contre le défenseur de la Vulgate*
(Paris, 1707, in-12).

4

ficile, imo impossibile est, dit-il, *placere omnibus; nec tanta vultuum quanta sententiarum diversitas est,* etc. Si V. R. lit cette préface, elle verra que j'ay sujet de me consoler, si quelques-uns ne trouvent pas assez étendus mes prolégomènes, et si d'autres cherchent dans le texte des divisions des versets, qui n'ont jamais été connues de saint Jérôme. Nous avons suivi en cela le conseil des habiles gens et l'autorité des manuscrits. Voilà toute ma réponse. Je salue le R. P. Dom Jean Guillot, à qui je ferai justice dans l'occasion. Dom Antoine vous salue avec respect, et moy je suis avec une parfaite reconnoissance,

Mon Révérend Père,

Votre très humble et obéissant religieux,

F. J. MARTIANAY.

M. B.

XV.

Benedicite.
A Paris, 13 septembre 1694.

Mon Révérend Père (1),

Je viens de parler à nostre R. Père général qui m'a dit de vous escrire qu'on n'a aucune nouvelle des médailles que vous avez mises entre les mains d'un courrier. Cela fait icy beaucoup de peine et nous vous supplions tous de vouloir nous faire sçavoir à quel courrier vous aviez confié ces médailles du Pape, comme il se nomme, et quel jour il est parti de Rome. Quand nous saurons ces circonstances, on pourra s'informer de cette affaire, et tâcher de ne pas perdre un présent aussi précieux. Quand (*sic*) à moy, je vous proteste que si ces médailles, et l'autre moitié que vous avez retenüe, viennent à se perdre, et que j'en puisse avoir au moins deux ou trois pour ma famille, vous ne verrez jamais plus à Rome aucun de mes ouvrages. Si au contraire V. R. me fait rendre fidèlement le présent que le Pape m'a fait, je vous envoyerai pour étrennes un petit ouvrage des plus curieux qui ait encore paru. C'est la véritable *Version italique* de l'Evangile de saint Mathieu, que j'ay trouvée dans deux des plus anciens et des plus beaux manuscrits qui soient dans l'Eglise (2).

(1) P. 22. Au même.

(2) *Vulgata antiqua latina et itala versio Evangelii secundum Matthæum, e vetustissimis eruta monumentis.* Paris, 1695, in-12.

Je suis déjà familier avec le Père Pezron, et M. Simon qu'on me fai-
soit tant appréhender, m'a fait demander mon amitié, et nous sommes
sur le point de nous embrasser (1). C'est Dieu qui se déclare partout
pour celuy qui prie V. R. de le prier pour luy et qui est avec respect,

>Mon Révérend Père,

>>Votre très humble et obéissant religieux,

>>F. J. MARTIANAY,
>>M. B.

XVI

Benedicite.　　　　　　　　　　　A Paris 29 décembre 1694.

>Mon Révérend Père (2),

Après bien du bruit, des soupçons, et des murmures, la boëte des
médailles du Pape est enfin arrivée à Paris. Si V. R. n'a mis dans
cette boëte que deux croix, une douzaine de médailles en filagramme (3), une douzaine d'autre manière, et une seule médaille du
portrait du pape, je n'ai pas eu sujet de me plaindre qu'on avoit pris
du présent ce qu'on avoit voulu. Mais si vous avez mis dans la boëte
plus de deux croix, plus d'une médaille au portrait du Pape, et si
vous y aviez mis quelque *Agnus Dei*, on a dérobé tout le surplus,
et je n'ai eu que trop de fondement de murmurer contre les voleurs
et ravisseurs du bien d'autrui. Cette boëte n'est pas celle que vous
avez remise au courrier, mais une autre plus petite et assez mal fago-
tée, qu'on dit avoir été changée à Lion par M. Compain. Je ne vous
parle point des mystères qu'on a fait pour faire l'ouverture de cette

---

(1) Richard Simon et Martianay avaient beaucoup de mots injurieux à se pardonner
mutuellement. Dom Chaudon nous apprend (*Nouveau Dictionnaire historique*, édition de 1789) que le premier était allé jusqu'à railler son adversaire sur son nom de
Martianay, dérivé de Martin, nom qu'on donne quelquefois aux ânes :

>Cum voco te Domnum, noli tibi, Marce, placere;
>Sic asinum semper, Domne, saluto meum.

Rappelons que, l'année même de la mort de dom Martianay, le spirituel jésuite
Antoine Du Cerceau publia, dans le *Mercure* d'avril et de mai, une *Apologie pour
les savans sur les vivacités et les impolitesses qui leur échappent dans leurs
querelles.*

(2) P. 24. Au même.

(3) On disait également, autrefois, *filagramme* et *filigrane.* Un des meilleurs écri-
vain de notre pays, Mme de Maintenon, a employé la première forme dans une lettre
à Mme de Caylus, du 24 janvier 1718 : « Mme de Montespan attelait six souris à un
petit carrosse de filagramme. »

boëte : mais si on se fût étudié de donner occasion de soupçon et de murmure, on n'auroit jamais mieux sçu s'y prendre. La distribution s'en est faite en mon absence, et on m'a donné une pièce de chaque chose. Je ne croi pas que ce soit l'intention de Sa Sainteté, que les persécuteurs de S. Jérôme ayent autant de part au présent que les seuls ouvriers du livre qu'on luy a dédié. Il est bien dur de ne pouvoir pas être maître de ce que le Pape m'a donné, et de voir qu'on en dispose comme si je n'y avois pas plus de part que les plus opposés à notre édition. Et croyez-vous, mon Révérend Père, que le Pape ait eu la bonté de donner des Indulgences plénières à mes parens, sans vouloir leur faire part de quelque médaille, et les comprendre dans le présent? J'avois toujours espéré que par votre moyen ils obtienderoient (sic) quelque médaille de l'image ou portrait du Pape, pour la conserver dans notre famille comme un monument éternel et de votre amitié et de la libéralité du pape Innocent XII. Mais je voi qu'il faut s'en consoler, puisque tout passe par les mains de ceux qui n'ont guères de bonté ni d'amitié pour eux ni pour moy. Je vous avertis que cela leur touche au cœur, et je ne vous suis point caution qu'ils n'en feront jamais de plainte. Une médaille du Pape pour d'autres n'est qu'une pièce d'argent assez inutile; mais une médaille du Pape donnée à quelqu'un de la famille, est un honneur immortel pour tous les parents. Je vous supplie donc qu'ils ayent quelque part au reste du présent, et de vouloir destiner pour eux et pour moy les pièces que V. R. croit nous appartenir selon l'intention du Pape et la vôtre. Cela appaisera les murmures, et nous donnera sujet de nous louer de plus en plus du R. P. Estiennot.

Je suis avec respect,

Mon Révérend Père,

Votre très humble et obéissant religieux.

F. Jean MARTIANAY,

M. B.

Je salue le R. P. votre cher compagnon et suis bien son serviteur. Je me plains un peu de ce que vous avez écrit à plusieurs de nos Pères ce que le Pape nous avoit donné, et que vous ne m'avez jamais fait sçavoir à moy-même le détail de ce présent. Tout le monde a dit icy que le Pape avoit fait un présent considérable, et moy je n'en ai sçu que ce que les autres m'en ont appris. Cela ne semble pas bien naturel.

www.ingramcontent.com/pod-product-compliance
Lightning Source LLC
Chambersburg PA
CBHW071421030726
47594CB00006B/2524